AF316938

LA JOIE D'APPRENDRE

La joie d'apprendre

Inspirer la curiosité chez les enfants

AVERY NIGHTINGALE

Creative Quill Press

CONTENTS

Chapitre 1 : Introduction à la joie d'apprendre

L'éclair d'intérêt

Au cœur de chaque révélation, de chaque développement et de chaque entreprise imaginative se trouve un éclair simple mais significatif : l'intérêt. Ce besoin normal de comprendre, d'enquêter et de réaliser fait avancer l'humanité. En outre, c'est au cours des premières longues périodes d'expérience en croissance que ce flash se consomme le plus brillamment. Encourager le goût d'apprendre chez les jeunes ne consiste pas seulement à les préparer à l'école ; cela est lié à la préparation de l'établissement pour une vie satisfaisante, attirée et curieuse.

Importance d'encourager une affection pour l'apprentissage chez les jeunes

L'adoration pour l'apprentissage est probablement le cadeau le plus précieux que nous puissions offrir pour l'avenir. La clé ouvre la voie à une longue période de chances, de révélations et d'évolution. Lorsque les enfants sont invités à enquêter sur leurs penchants, à obtenir des éclaircissements sur des problèmes urgents et à chercher des réponses, ils développent un sentiment de confiance dans leur capacité à comprendre le monde. Cela améliore leur présentation scolaire et soutient leur tournure d'événements proches de chez eux et sociaux.

Savoir comment valoriser l'apprentissage signifie que les jeunes seront plus polyvalents dans un monde en évolution rapide. Ils seront des résolveurs de problèmes , des universitaires qui regardent au-delà de la surface et des personnes qui recherchent une amélioration constante d'eux-mêmes et de leurs éléments environnementaux. De plus, cette affection pour l'apprentissage développe la flexibilité, permettant aux enfants d'affronter les difficultés et les déceptions comme des étapes essentielles de l'expérience éducative.

Aperçu des avantages de l'apprentissage durable

L'apprentissage à long terme étend la joie et les avantages de cette mission d'information bien au-delà de la salle d'étude. Il enveloppe le développement personnel, la réussite professionnelle et le pur plaisir de la révélation. Les étudiants profondément enracinés sont plus polyvalents face aux changements sur le marché des concerts, sont plus imaginatifs et auront généralement des existences vraiment épanouissantes et meilleures.

Les avantages d' un apprentissage durable comprennent :

• Amélioration des capacités mentales et du maintien de la mémoire.

• Une sympathie et une compréhension élargies grâce à l'enquête sur différentes sociétés et points de vue.

• Travailler sur le bien-être à proximité du domicile et mettre l'accent sur les capacités du conseil d'administration.

• La transformation incessante des capacités et des informations pour explorer les demandes avancées du monde expert.

Place à l'intérêt et à l'enquête

Il est important d'établir un climat qui suscite l'intérêt et l'investigation. Cela inclut autre chose que la fourniture de données ; c'est lié au fait de déplacer des enfants pour se demander « Pourquoi ? » "Comment?" et "Imaginez un scénario dans lequel?" Ce climat dynamise les rencontres actives, le raisonnement décisif et la pensée critique. Il valorise la manière la plus courante d'avancer autant que le résultat, favorisant un sentiment de bonheur et d'émerveillement malgré le monde inexploré.

Les tuteurs, les instructeurs et les figures parentales peuvent préparer ce terrain en :

• Donner du pouvoir aux demandes de renseignements sans bonne ou mauvaise réponse et évaluer toutes les demandes.

• Donner des rencontres et des atouts variés pour susciter l'intérêt et la divulgation.

• Démontrer une adoration pour l'apprentissage et un intérêt pour leur propre vie.

• Offrir de fortes critiques et féliciter les efforts, pas simplement les réalisations.

L'aventure consistant à cultiver l'adoration de l'apprentissage chez les jeunes est profondément rémunératrice. Cela nécessite de la persévérance, de l'innovation et une garantie de développer un climat qui valorise l'intérêt et l'investigation. En mettant l'accent sur le plaisir d'apprendre, nous prévoyons pour les enfants une réussite scolaire, mais aussi une vie satisfaisante et énergique, chargée de révélations incessantes. Tout au long de ce livre, nous étudierons des procédures explicites et des éléments de connaissances pour motiver et soutenir cette excursion d'apprentissage de longue durée .

Cette section jette les bases de notre enquête sur les nombreuses façons dont nous pouvons déclencher l'éclair d'intérêt chez les jeunes, en garantissant qu'il se transforme en un feu qui éclaire leur chemin tout au long de la vie.

| 2 |

Chapitre 2 : Comprendre le développement de l'enfant

Explorer l'excursion du développement

L'amélioration des enfants est une excursion qui commence dès l'entrée dans le monde et se poursuit jusqu'à l'âge adulte. Cette voie se distingue par d'énormes réalisations et étapes, chacune décrite par des opportunités de croissance extraordinaires et des portes ouvertes pour le développement. Comprendre ces étapes est urgent pour quiconque espère susciter l'amour de l'apprentissage chez les jeunes, car cela permet d'adapter les méthodes de gestion à leurs besoins formatifs.

Bref aperçu des étapes d'amélioration des jeunes

L'avancement des jeunes peut être globalement isolé en quelques étapes clés :

1. Enfance (0-2 ans) : Cette étape se caractérise par un développement réel rapide et le début d'une amélioration des mouvements coordonnés. Les nouveau-nés étudient leur situation actuelle essentiellement à travers des rencontres et un développement tangibles. L'intérêt précoce est clair car ils s'intéressent à leurs facteurs environnementaux en utilisant chacune des cinq détections.

2. Petite enfance (2 à 6 ans) : Au cours de cette période, les jeunes développent leurs capacités linguistiques, les mouvements coordonnés essentiels deviennent plus raffinés et ils commencent à participer à des jeux plus compliqués . Leur raisonnement est extrêmement concret et ils apprennent mieux grâce à des rencontres directes et à des collaborations. L'intérêt est grand, car ils posent des questions incalculables sur leur environnement général.

3. Jeunesse intermédiaire (6-12 ans) : Cette étape voit l'avancement d'un raisonnement cohérent, d'une mémoire plus développée et d'une compréhension de pensées complexes, mais à l'intérieur d'une réalité substantielle. Les enfants deviennent plus libres et commencent à constituer leurs propres groupes d'amis. L'intérêt se transforme en une demande plus organisée, avec une limite élargie en ce qui concerne l'apprentissage et la compréhension des subtilités du monde.

4. Adolescence (12-18 ans) : Les jeunes développent la capacité de penser conceptuellement et de raisonner efficacement. Leur intérêt pourrait s'étendre à d'autres domaines théoriques, notamment le caractère, les connexions et leur position sur la planète. L'apprentissage s'avère plus indépendant, les pairs jouant un rôle essentiel dans l'impact des intérêts et des inspirations.

Comment l'intérêt progresse chez les jeunes

L'intérêt, principal moteur de l'apprentissage et de l'investigation, progresse fondamentalement à travers ces étapes formatrices. Au début , l'intérêt porte sur les rencontres tactiles rapides. À mesure que les jeunes grandissent, leur intérêt s'affine, passant d'enquêtes simples à des enquêtes complexes sur le fonctionnement du monde.

Chez les jeunes, l'intérêt apparaît à travers le jeu et les questions constantes du « pourquoi ». Chez les jeunes du centre, l'intérêt s'avère plus engagé, les enfants cherchant à comprendre les règles, les idées et les objectifs qui les concernent. La puberté accroît encore cet intérêt, en intégrant un raisonnement dynamique et une enquête sur des sujets sociaux et individuels complexes.

Percevoir les contrastes individuels dans l'apprentissage

L'excursion de chaque enfant à travers ces étapes formatrices est exceptionnelle. Les contrastes dans les styles d'apprentissage, les intérêts et la vitesse d'avancement sont normaux et doivent être pris en compte. Certains enfants peuvent montrer un intérêt précoce pour les chiffres et les exemples, tandis que d'autres sont attirés par les histoires et le langage. De même, certains enfants sont normalement plus curieux, tandis que d'autres peuvent s'attendre à du réconfort pour communiquer leur intérêt.

Percevoir et apprécier ces distinctions est essentiel pour cultiver un climat d'apprentissage solide. Cela implique d'offrir différentes portes ouvertes à l'apprentissage, d'obliger différents styles d'apprentissage et de permettre aux enfants de suivre leurs inclinations. Cette approche personnalisée tient compte du caractère unique de chaque jeune et augmente son engagement et son bonheur dans l'apprentissage.

Comprendre les étapes d'avancement des enfants donne des expériences inestimables sur la façon dont l'intérêt se développe et sur la meilleure façon d'aider le processus d'apprentissage de chaque jeune. En percevant le caractère unique de chaque jeune et en adaptant notre façon de les rencontrer là où ils se trouvent, nous pouvons susciter une adoration durable pour l'apprentissage. Les sections suivantes approfondiront les méthodologies de bon sens pour maintenir l'intérêt et progresser à travers ces différentes étapes, toujours dans le but de percevoir et de louer la manière singulière de révélation de chaque jeune.

Chapitre 3 : Le rôle du jeu dans l'apprentissage

Découvrir la force du jeu

Le jeu est souvent considéré comme le langage des enfants, un mouvement répandu qui s'élève au-delà des sociétés et des âges. Cependant, son travail d'apprentissage et d'amélioration est bien plus important qu'un simple divertissement. Le jeu est un moyen fondamental d'enquête, d'essais et d'erreurs et de compréhension du monde. C'est par le jeu que les enfants testent leurs spéculations, résolvent les problèmes et développent des capacités essentielles qui leur seront utiles tout au long de leur vie.

La valeur instructive du jeu

Jouer n'est pas simplement jouer. C'est une activité importante en termes d'apprentissage et de perfectionnement. La valeur instructive du jeu réside dans sa capacité à favoriser le développement mental, social, proche du foyer et réel. Par le jeu, les enfants développent leurs capacités linguistiques, leur imagination, leur intuition sociale et leur capacité à résoudre des problèmes complexes. En outre, le jeu anime les associations cérébrales dans l'esprit, favorisant ainsi l'avancement du raisonnement décisif et de la mémoire.

L'un des éléments essentiels du jeu consiste à améliorer l'inspiration et l'engagement. Lorsque les enfants participent à un jeu, ils sont obligés de relever des défis, d'essayer de nouvelles choses et de persévérer malgré les difficultés. Cette inspiration caractéristique est vitale pour l'apprentissage, car elle pousse les enfants à approfondir leurs recherches et à apprendre encore plus réellement.

Différents types de jeux et leurs avantages

Le jeu se présente sous de nombreuses structures, chacune avec son propre ensemble d'avantages :

1. Jeu physique (course, escalade, déplacement) : favorise l'avancement, la coordination et le bien-être réel des mouvements coordonnés. Il montre également aux enfants leur corps et le monde réel.

2. Jeu constructif (travail avec des blocs, dessin) : améliore la pensée spatiale, l'innovation et les capacités de pensée critique. Il permet aux enfants d'essayer différentes choses avec du matériel et des pensées, favorisant ainsi la fierté et l'indépendance.

3. Faire semblant d'imaginer (faire semblant, situations inventives) : améliore les capacités linguistiques, l'acquisition à proximité de chez soi et les capacités sociales. Grâce au jeu d'imagination, les enfants explorent des points de vue alternatifs et favorisent la compassion.

4. Jeux avec règles (jeux préemballés, sports) : Montrez aux enfants les règles, le caractère raisonnable et la participation. Ces jeux favorisent en outre le raisonnement vital et la capacité de concentration et de mémorisation des subtilités.

5. Jeu social (jouer avec des amis) : dynamise les capacités relationnelles, la coopération et la compréhension des pratiques acceptées. Le jeu social est urgent pour établir des liens et découvrir comment explorer les circonstances sociales.

Établir des conditions de jeu favorables à l'apprentissage

Établir un climat propice à l'apprentissage énergique implique autre chose que donner des jouets et du matériel. Cela nécessite une méthodologie intelligente dont les valeurs ont un impact crucial sur l'apprentissage. De telles conditions sont riches en matériaux qui animent l'imagination et l'investigation, offrent des lieux de refuge pour la prise de risque et encouragent la coopération sociale.

Voici quelques éléments essentiels à prendre en compte lors de l'établissement des conditions de jeu :

• Assortiment et adaptabilité : donner une gamme de matériels et d'exercices qui prennent en compte divers intérêts et étapes de formation. Des espaces adaptables qui peuvent être ajustés et reconsidérés favorisent l'inventivité et l'engagement.

• Disponibilité : Garantir que le matériel et les espaces de jeu soient effectivement ouverts aux jeunes, leur permettant d'enquêter et de dessiner librement avec eux.

• Bien-être : établir un climat protégé dans lequel les jeunes ont un solide sentiment de sécurité pour enquêter, examiner et relever des défis.

• Considération : Planifiez des espaces de jeu complets et accordez une attention particulière aux enfants ayant des besoins et des capacités différents.

• Nature : Consolidez les composants réguliers et jouez à l'extérieur avec des portes ouvertes étonnantes. Le jeu dans la nature favorise le bien-être réel, la pleine conscience écologique et offre une rencontre tangible et riche.

Le rôle du jeu dans l'apprentissage est évident. C'est par le jeu que les jeunes développent les capacités, les informations et les perspectives qui fondent l'établissement pour un apprentissage durable. En percevant la valeur du jeu et en créant des conditions propices à une recherche amusante, nous soutenons les jeunes dans leur désir normal d'apprendre, de se développer et de s'épanouir. Alors que nous continuons à étudier les manières par lesquelles nous pouvons motiver l'intérêt et l'apprentissage, il est évident que ce n'est pas un impact récent de l'apprentissage ; à bien des égards, c'est son noyau.

| 4 |

Chapitre 4 : Cultiver un état d'esprit de croissance

Embrasser la force du moment

L'idée d'attitude, présentée par l'analyste Hymn Dweck, a modifié la manière dont nous appréhendons l'apprentissage, la polyvalence et la réussite. Au cœur de l'examen de Dweck se trouve une pensée simple mais révolutionnaire : la force du pourtant. Cette partie étudie la qualification entre le développement et les perspectives fixes, proposant des méthodologies pour développer le passé chez les enfants, les dotant ensuite de la flexibilité nécessaire pour vaincre les mouvements et de la capacité de tirer profit de la déception.

Prologue du développement contre les mentalités fixes

Une mentalité décente est la conviction que les capacités, la perspicacité et les dons sont des caractéristiques fixes ; nous sommes mis au monde avec une somme précise et c'est aussi simple que cela. Les personnes ayant une vision décente éviteront généralement les difficultés, s'abandonneront efficacement, considéreront l'effort comme inutile et se sentiront compromises par le résultat des autres.

À l'inverse, une mentalité de développement consiste à comprendre que les capacités et la perspicacité peuvent être créées grâce à l'effort, à l'apprentissage et au travail acharné. Les personnes ayant une mentalité de développement acceptent les difficultés, persévèrent malgré les obstacles, considèrent le travail comme le moyen de dominer, tirent profit de l'analyse et trouvent des illustrations et de la motivation dans le résultat des autres.

Méthodologies pour responsabiliser une mentalité de développement chez les enfants

1. Louez l'interaction, en plus du résultat : mettez en lumière le travail, la méthodologie et la diligence que les enfants mettent dans leur travail, au lieu de simplement les aduler pour leur astucieux ou leurs compétences. Cela renforce la valeur d'un travail difficile et la conviction qu'ils peuvent travailler grâce à l'effort.

2. Utilisez la force du « encore » : lorsque les jeunes disent qu'ils ne peuvent pas aller jusqu'au bout de quelque chose, ajoutez un « encore » à leur affirmation. Ce mot de base suggère qu'ils s'attendent à apprendre et à s'adapter, et qu'avec du temps et des efforts, ils voudront réellement atteindre leurs objectifs.

3. Enseigner l'esprit : apprenez aux enfants comment le cerveau se développe davantage et façonne de nouvelles associations lorsqu'ils maîtrisent de nouvelles choses et mettent en pratique leurs capacités. Comprendre cela peut les persuader d'accepter l'apprentissage et de considérer les connaissances comme flexibles.

4. Modélisez une mentalité de développement : les enfants acquièrent une expérience significative en remarquant les adultes. Partagez vos difficultés, ce que vous réalisez et la façon dont vous continuez à surmonter les défis. Montrez-leur que les batailles et les déceptions font régulièrement partie de l'expérience éducative.

5. Encouragez les jeux de hasard exigeants et qui valent la peine d'être exercés : Établissez un climat protégé où relever des défis et commettre des erreurs n'est pas simplement reconnu mais célébré comme un apprentissage. Cela incite les jeunes à sortir de leur cadre habituel de familiarité et à tenter de nouvelles choses.

6. Utilisez une analyse utile : les commentaires doivent être utiles et centrés sur la manière d'avancer. Encouragez les jeunes à considérer l'analyse comme une donnée importante qui peut les aider à se développer.

Surmonter les difficultés et tirer profit des déceptions

Une mentalité de développement est particulièrement importante en ce qui concerne la gestion des difficultés et des déceptions. C'est ainsi qu'on peut accompagner les jeunes dans l'exploration de ces rencontres :

1. Normaliser la déception : Expliquez aux enfants que la déception n'est pas une impression de leurs capacités mais plutôt une chance de développement. Partagez les récits d'individus efficaces qui ont fait long feu et qui ont tiré profit de leurs rencontres.
2. Concentrez-vous sur l'apprentissage : après un malheur, demandez-vous : "Que pourrions-nous en tirer à un moment donné ?" Se concentrer sur la perspective d'apprentissage aide les enfants à considérer l'incapacité comme une étape vers le progrès, et non comme la fin de leur voyage.
3. Encouragez l'infatigable : soulignez l'importance de la persévérance dans la réalisation des objectifs. Incitez les jeunes à se fixer des objectifs modestes et raisonnables avant de réussir un examen, en louant chaque étape vers l'avant.
4. Développer les capacités de pensée critique : incitez les enfants à envisager diverses techniques qu'ils peuvent utiliser pour résoudre un problème. Cela les aide non seulement à gérer le test en cours, mais leur donne également des capacités pour faire face aux obstacles futurs.

Développer une perspective de développement chez les jeunes est une méthode efficace pour susciter l'adoration de l'apprentissage, la force même face aux difficultés et l'audace de défier et de se développer à partir des déceptions. Il s'agit d'enseigner aux jeunes que leurs capacités ne sont pas figées mais peuvent être créées par le dévouement et un travail acharné. Cette mentalité jette les bases d'un apprentissage et d'une réussite profondément enracinés, changeant la manière dont les enfants se perçoivent et voient leurs véritables capacités dans chaque tentative qu'ils entreprennent.

| 5 |

Chapitre 5 : Nourrir la curiosité à travers des questions

Encourager la psyché curieuse

L'intérêt est le moteur de la réussite scientifique – la motivation nous pousse à continuer à nous familiariser, à enquêter et à nous développer. Pour les enfants, le monde est un endroit formidable et déroutant où tout mérite d'être abordé. En entretenant cet intérêt intrinsèque par la consolation des enquêtes, nous pouvons alimenter leur désir de comprendre le monde et la place qu'ils y occupent. Cette partie examine les procédures permettant aux enfants de clarifier certains problèmes urgents, les méthodes permettant de les noter avec succès et l'importance de poser aux enfants des questions modestes pour animer leur raisonnement.

Donner aux jeunes les moyens de demander des éclaircissements sur certaines choses

La capacité de poser des questions est importante pour la tournure mentale des événements et l'apprentissage. Voici des moyens de permettre aux jeunes de s'adonner à leurs intérêts habituels :

1. Créez un lieu de refuge pour la demande : Précisez que toutes les questions sont estimées et qu'il n'y a pas de questions « insensées

». Un climat fort pousse les jeunes à exprimer leurs réflexions sans craindre le jugement.

2. Intérêt du modèle : les enfants avancent comme un repère visuel. Montrez votre propre intérêt en posant des questions de manière retentissante, en étudiant les réponses ensemble et en démontrant un revenu certifié dans la recherche de nouvelles données.

3. Explorez ensemble : utilisez les livres, les promenades dans la nature et les minutes régulières comme portes ouvertes à l'enquête. Posez des questions sur ce que vous voyez et encouragez les enfants à faire de même, en leur demandant de remarquer et de réfléchir à leur environnement général.

Méthodes pour répondre réellement aux demandes des enfants
Répondre aux questions des enfants de manière solide et viable peut en outre revigorer leur intérêt et soutenir leur apprentissage ultérieur :

1. Écoutez complètement : offrez aux enfants toute votre considération lorsqu'ils obtiennent des éclaircissements sur des problèmes urgents. Cela montre que leur intérêt est estimé et que leurs réflexions méritent d'être étudiées.

2. Encouragez l'investigation : Plutôt que de donner rapidement une réponse, encouragez les jeunes à réfléchir eux-mêmes aux réponses potentielles. Demandez : « Quelle est votre opinion ? » Cela fait progresser le raisonnement décisif et les capacités de pensée critique.

3. Fournissez des réponses claires et adaptées à l'âge : adaptez vos clarifications à l'âge et au niveau de compréhension de l'enfant. Utilisez un langage simple et des guides substantiels pour les aider à adopter des idées complexes.

4. Admettez lorsque vous n'en avez aucune idée : ce n'est pas grave de ne pas avoir toutes les réponses. Utilisez ces minutes comme des portes ouvertes pour trouver des réponses ensemble,

montrant ainsi que l'apprentissage est une interaction de longue durée .

Le métier de poser des questions sans prétention

Les demandes de renseignements sans bonne ou mauvaise réponse sont des atouts incroyables pour revigorer les idées et les discussions. Contrairement aux questions par oui ou par non, elles encouragent les enfants à réfléchir complètement de manière fondamentale et à exprimer davantage leurs pensées. C'est ainsi que l'on réussit à les spécialiser et à les utiliser :

1. Encouragez l'élaboration : posez des questions qui nécessitent plus d' un seul mot de réponse, par exemple : « Que s'est-il passé immédiatement ? » ou "Pour quelle raison pensez-vous que cela ?"
2. Favoriser l'esprit créatif : des questions telles que "Que pourrait-il se passer si... ?" ou "Comment pourriez-vous résoudre ce problème ?" dynamiser le raisonnement innovant et la pensée critique.
3. Favorisez la réflexion : posez des questions, par exemple : « Qu'est-ce que cela vous a fait ressentir ? » ou "Qu'avez-vous gagné avec cela?" aider les enfants à réfléchir à leurs expériences et à leurs sentiments.
4. Explorez les résultats envisageables : incitez les enfants à réfléchir à l'avenir et aux résultats attendus en leur posant des questions telles que "Et si nous trouvions si nous... ?" Cela ouvre un univers de résultats potentiels et cultive un sentiment d'expérience dans l'apprentissage.

Les questions sont les clés qui ouvrent les secrets du monde aux jeunes. En leur donnant les moyens d'obtenir des éclaircissements sur des questions urgentes, en les notant attentivement et en les attirant avec des demandes inconditionnelles, nous soutenons leur intérêt et nous préparons à une longue période d'apprentissage et de révélation. Cette

approche améliore leur perspicacité et favorise leur raisonnement décisif, leur imagination et leur capacité à comprendre n'importe qui à un
niveau plus profond, en leur fournissant les outils dont ils ont besoin
pour explorer les subtilités du monde avec certitude et intérêt.

| 6 |

Chapitre 6 : Apprendre à l'ère numérique

Explorer la scène de l'apprentissage informatisé

L'ère informatisée a changé le paysage de la formation, offrant un accès inhabituel aux données et de meilleures approches d'apprentissage. Les appareils et actifs avancés peuvent améliorer les rencontres instructives, rendant l'apprentissage vraiment captivant , disponible et personnalisé selon les besoins individuels. Quoi qu'il en soit, l'exploration de cette nouvelle scène nécessite une manière intelligente de garantir que les gains informatisés augmentent plutôt que de réduire les stratégies éducatives conventionnelles et impliquées. Cette section étudie les méthodologies permettant d'ajuster les dispositifs d'apprentissage avancés et réels, d'évaluer la nature des actifs informatisés et de permettre aux enfants d'impliquer l'innovation de manière imaginative et basique.

Ajustement des dispositifs d'apprentissage avancés et réels

Une manière décente d'aborder l'apprentissage informatisé et réel perçoit la valeur des deux et cherche à les coordonner de manière à améliorer globalement l'apprentissage :

1. Complémentarité : Utiliser des instruments informatisés pour compléter les opportunités de croissance réelles. Par exemple, la réalité augmentée peut rajeunir des occasions authentiques, en ajoutant de la profondeur à l'apprentissage de la lecture, tandis que les essais scientifiques actifs peuvent être améliorés par des reproductions et des enregistrements en ligne.

2. Fixation de limites : Bien que les appareils informatisés offrent de nombreux avantages, il est important de tracer certaines limites pour empêcher le temps passé devant un écran de déraciner des exercices de base comme le jeu réel, les communications sociales rapprochées et personnelles et les enquêtes en plein air .

3. Variété et contrôle : Offrez un assortiment d'opportunités de croissance qui font appel à diverses facultés et styles d'apprentissage. Mélanger l'apprentissage informatisé avec des techniques conventionnelles telles que la lecture de livres réels, la création artisanale et la participation à des tâches proactives permet de maintenir une expérience instructive plus complète.

Évaluation de la nature des actifs d'apprentissage informatisés

Face à l'immense gamme d'actifs d'apprentissage informatisés accessibles, il est essentiel de garantir la qualité :

1. Pertinence et précision : choisissez des atouts applicables aux objectifs d'apprentissage et dont l'exactitude est vérifiable. Cela comprend fréquemment des enquêtes de conseil, des propositions d'enseignants et des associations instructives légitimes.

2. Engagement et intelligence : d'excellents outils informatisés devraient attirer les étudiants de manière efficace et non latente. Recherchez des actifs qui favorisent la collaboration, la pensée critique et le raisonnement décisif.

3. Confidentialité et bien-être : Garantir que les appareils et actifs avancés peuvent être utilisés par les jeunes, avec de puissantes stratégies de sécurité protégeant les données des clients.

Favoriser l'utilisation imaginative et fondamentale de l'innovation
L'innovation n'est pas seulement destinée à l'utilisation ; cela peut très bien être un atout utile pour la création et le raisonnement décisif :

1. Entreprises créatives : incitez les jeunes à utiliser l'innovation pour créer, qu'il s'agisse de créer une histoire informatisée, de créer de la musique, de planifier un jeu informatique ou de créer un site. Cela améliore leurs capacités spécialisées et cultive l'innovation et l'avancement.

2. Raisonnement critique : aidez les enfants à évaluer essentiellement les données qu'ils considèrent comme Internet, en reconnaissant les sources valides et la tromperie. Invitez-les à examiner et à confirmer les données et à comprendre les prédispositions qui pourraient exister dans les contenus avancés.

3. Apprentissage collaboratif : utilisez l'innovation pour travailler en coopération, permettant aux enfants de participer à des projets avec leurs pairs, même lorsqu'ils sont réellement séparés. Cela peut favoriser les capacités de collaboration et les ouvrir à différents points de vue.

L'apprentissage à un âge avancé offre des opportunités stimulantes d'améliorer la scolarité et d'entrer en contact avec les jeunes de manière nouvelle et significative. En ajustant les instruments d'apprentissage informatisés et réels, en choisissant prudemment d'excellents actifs informatisés et en favorisant l'utilisation innovante et fondamentale de l'innovation, nous pouvons offrir aux enfants une expérience éducative riche et variée. Cette méthodologie équitable les prépare non seulement à réussir scolairement, mais également à s'épanouir dans un monde informatisé, doté des capacités nécessaires pour explorer les subtilités de l'ère des données avec certitude et intérêt.

Chapitre 7 : Le pouvoir de la narration et de l'imagination

Ouvrir des univers avec des mots

La narration est une œuvre d'art ancienne qui a la capacité d' emmener les membres du public vers de nouveaux univers, d'inspirer des sentiments et de donner de l'astuce. En ce qui concerne la récupération des jeunes, la narration n'est pas simplement une méthode de diversion ; c'est un instrument impératif pour la tournure mentale des événements, la capacité de comprendre les individus à un niveau profond et le maintien social. A travers des histoires, les jeunes découvrent comment imaginer, identifier , appréhender le monde selon différents points de vue. Cette partie étudie comment la narration peut être utilisée comme moyen d'apprentissage et de rétention, le travail du jeu inventif pour encourager l'imagination et la manière dont les livres et les histoires peuvent susciter une affection durable pour l'apprentissage.

La narration comme instrument d'apprentissage et de rétention

1. Améliorer les capacités linguistiques : la narration familiarise les jeunes avec le nouveau jargon, les conceptions étymologiques et les rythmes du langage, améliorant ainsi leurs capacités relationnelles et leur progrès linguistique.

2. Apprentissage culturel et moral : les histoires sont une méthode de communication des qualités sociales et de l'éthique, aidant les enfants à comprendre les subtilités du comportement humain et de la morale.

3. Association émotionnelle : le partage d'histoires crée un lien nouveau entre les narrateurs et les membres du public, encourageant la conviction que tout est bon et a sa place. Cette association profonde est significative pour la tournure des événements d'un jeune.

Favoriser le jeu inventif et l'innovation

Le jeu inventif, dans lequel les enfants créent et racontent des histoires, est essentiel à la tournure mentale et sociale des événements :

1. Favoriser l'inventivité : grâce à des jeux innovants, les enfants explorent différentes avenues concernant des pensées et des situations nouvelles, en exerçant leurs muscles imaginatifs et en découvrant comment considérer de nouvelles idées.

2. Développer les capacités de pensée critique : Les situations innovantes incluent souvent des obstacles auxquels il faut survivre, permettant aux enfants de penser de manière fondamentale et de favoriser des arrangements.

3. Se comprendre soi-même ainsi que les autres : en acceptant divers emplois, les enfants étudient différents points de vue et sentiments, améliorant ainsi leur sympathie et leur compréhension des autres.

Utiliser des livres et des histoires pour faire évoluer l'apprentissage

Les livres et les histoires sont des atouts inestimables pour susciter un intérêt et une affection pour l'apprentissage :

1. Élargir les horizons : à travers des histoires, les jeunes se familiarisent avec des idées, des sociétés et des rencontres au-delà

de leur climat voisin, élargissant ainsi leur façon d'interpréter le monde.

2. Encourager l'investigation : de nombreux livres pour enfants sont destinés à susciter l'intérêt pour la nature, la science, l'histoire et l'artisanat, permettant ainsi d'approfondir l'investigation et l'apprentissage.

3. Une lecture inspirante et profondément enracinée : En développant une adoration pour les histoires et en les lisant depuis le début, les jeunes deviendront forcément des lecteurs énergiques, une propension qui les aide à progresser tout au long de la vie.

La force de la narration et de l'esprit créatif dans l'apprentissage ne pourrait être plus importante. En coordonnant la narration dans des œuvres instructives, en favorisant le jeu inventif et en impliquant des livres et des histoires comme dispositifs d'apprentissage, nous pouvons ouvrir un univers d'opportunités aux enfants. Les histoires améliorent non seulement la vie des enfants avec étonnement et ferveur, mais les équipent également des outils dont ils ont besoin pour explorer les subtilités du monde. Grâce à la sorcellerie de la narration, nous pouvons aller à l'avant-garde pour rêver, enquêter et trouver, encourageant ainsi un amour profondément enraciné de la découverte qui s'élève au-delà des limites de la salle d'étude.

| 8 |

Chapitre 8 : L'apprentissage en plein air et le monde naturel

Relancer l'entraînement grâce à la nature

L'apprentissage en plein air et l'association avec le monde normal proposent des avantages inestimables pour le bien-être réel des jeunes, leur prospérité mentale et la tournure instructive des événements. La salle d'étude de la nature est vaste, offrant de vastes portes ouvertes à la divulgation, à l'intérêt et à l'apprentissage actif. Cette partie étudie les divers avantages de l'apprentissage en plein air , présente des réflexions sur des exercices d'apprentissage en extérieur et examine les moyens d'encourager la pleine conscience écologique chez les jeunes, en maintenant une époque d'intendants de la planète instruits et capables.

Avantages de l'apprentissage en plein air et de l'association avec la nature

1. Bien-être réel amélioré : les mouvements habituels en plein air améliorent le bien-être réel, travaillent sur les capacités coordonnées et réduisent le risque de poids. Le monde normal prend en charge le jeu dynamique, ce qui est important pour une tournure solide des événements.

2. Amélioration de la prospérité mentale : le temps passé dans la nature a été démontré pour diminuer la pression, la tension et la mélancolie. La sérénité des environnements habituels offre un repos face au fardeau tangible des conditions métropolitaines et des écrans informatisés.

3. Augmentations cognitives et instructives : l'apprentissage en plein air revigore l'intérêt des jeunes et améliore leurs capacités d'observation. Il offre un apprentissage logique d'étonnantes portes ouvertes qui rendent des sujets comme la science, la topographie et la science plus substantiels et plus verrouillables.

4. Gestion de l'environnement : la rencontre directe avec la nature cultive une profonde appréciation et un respect pour le climat, permettant aux enfants d'adopter des pratiques réalisables et de devenir des défenseurs de la protection.

Réflexions pour des exercices d'apprentissage en plein air

L'intégration de l'apprentissage en plein air dans la formation peut être fondamentale et gratifiante. Voici quelques pistes d'action pour commencer :

1. Promenades dans la nature et poursuites de recherche de nourriture : ces exercices renforcent la perception et l'investigation, aidant les enfants à découvrir la verdure à proximité. Consolidez les tâches telles que distinguer les espèces d'arbres, remarquer le comportement des insectes ou ramasser des feuilles de différentes formes.

2. Tâches de jardinage : participer à la culture montre aux enfants la science végétale, l'importance des pollinisateurs et les rouages de la création alimentaire. Cela confère également une responsabilité dans la mesure où ils prennent soin de leurs plantes.

3. Cycle de l'eau et perception du climat : organisez un contrôle des averses, suivez les changements des conditions météorologiques et remarquez l'évolution des nuages. Ces exercices offrent des

connaissances pragmatiques sur les conditions atmosphériques et le cycle de l'eau.

4. Travail en plein air et imagination : utiliser des matériaux ordinaires pour créer de l'artisanat, permettant ainsi aux jeunes de voir l'excellence dans leurs éléments environnementaux et d'exprimer leur imagination de manière remarquable.

5. Tâches de préservation de l'environnement : participez aux efforts de nettoyage du quartier, plantez des arbres ou créez des espaces de vie pour une vie sauvage. Ces entreprises valorisent les espaces locaux et montrent des exemples importants de préservation.

Encourager la pleine conscience naturelle

Développer un sentiment d'obligation écologique dès le début est essentiel pour la santé de notre planète. C'est la façon de transmettre une pleine conscience naturelle :

1. Plomb Comme repère visuel : exposez des pratiques inoffensives pour l'écosystème comme la réutilisation, l'économie d'eau et la réduction des déchets. Les jeunes apprennent mieux par la perception et l'usurpation d'identité.

2. Discutez des problèmes écologiques : familiarisez les jeunes avec les difficultés naturelles d'une manière adaptée à leur âge, en vous concentrant sur la manière dont ils peuvent contribuer aux arrangements au lieu de se sentir maîtrisés.

3. Encouragez le soutien : Aidez les enfants à agir pour des causes écologiques qui leur tiennent à cœur, qu'il s'agisse de rédiger des lettres, de participer à des efforts de protection ou de diffuser la pleine conscience.

L'apprentissage en plein air et le monde normal jouent un rôle fondamental dans la tournure des événements des jeunes, offrant une multitude d'avantages qui s'étendent bien au-delà de la réussite scolaire. En attirant les jeunes dans des exercices d'apprentissage en plein air et en cultivant une association avec la nature, nous les dotons des informations, des capacités et de l'enthousiasme nécessaires pour mener une existence saine et sauvegarder la planète pour les humains à l'avenir. En tant qu'enseignants, gardiens et gardiens, il est de notre devoir d'ouvrir la voie à la salle d'étude de la nature, en accueillant les enfants pour qu'ils enquêtent, trouvent et apprennent dans la nature.

| 9 |

Chapitre 9 : L'importance de l'intelligence émotionnelle

Développer le cœur et le cerveau

La capacité d'apprécier les individus à un niveau profond (IE) est aussi fondamentale pour l'amélioration des enfants que leur développement scolaire. Il intègre la capacité de comprendre et de gérer ses propres sentiments, de comprendre les autres et d'explorer avec succès les subtilités sociales. Cette section met en évidence l'importance d'encourager la capacité à apprécier les gens à un niveau profond chez les enfants, en présentant son effet sur la compréhension et la gestion des sentiments, la compassion et la participation, ainsi que le travail essentiel de la flexibilité à proximité du foyer dans l'apprentissage et, dans l'ensemble, la prospérité.

Comprendre et gérer les sentiments

1. Pleine conscience de soi : Aider les jeunes à percevoir et à nommer leurs sentiments est la phase la plus importante pour pouvoir comprendre quelqu'un à un niveau plus profond. Des exercices comme des graphiques d'inclinaison ou des journaux peuvent aider les enfants à exprimer leurs sentiments.

2. Auto-direction : Lorsque les enfants comprennent leurs sentiments, l'étape suivante consiste à déterminer comment les gérer.
   Des méthodes telles que la respiration profonde, le comptage ou
   le fait de profiter d'un peu de temps libre peuvent inciter les
   enfants à gérer de manière productive les principaux domaines
   de force.
3. Articulation des émotions : Les jeunes doivent avoir un réel
   sentiment de réconfort en communiquant leurs sentiments. Il
   est essentiel de favoriser une correspondance ouverte et de créer
   un climat solide dans lequel les enfants peuvent discuter de leurs
   pensées sans avoir peur du jugement.

Compassion, collaboration et apprentissage social

1. Développer la compassion : La sympathie est la capacité de
   comprendre et de discuter des pensées d'autrui. Faire semblant,
   raconter et examiner différentes situations peut aider les jeunes
   à imaginer le point de vue des autres, cultivant ainsi une compréhension plus profonde des points de vue des autres.
2. Promouvoir la collaboration : des jeux utiles et des activités de
   rassemblement peuvent montrer aux enfants comment coopérer,
   partager et organiser. Comprendre comment voir les choses sous
   différents angles améliore les capacités de pensée critique et la
   congruence sociale.
3. Améliorer les capacités interactives : La capacité d'apprécier les
   individus à un niveau plus profond est essentielle à la création
   de solides capacités interactives. Les exercices qui incluent la
   coopération, la correspondance et la compréhension de gestes
   significatifs peuvent améliorer la communication et les associations des enfants avec les autres.

Près de chez soi La polyvalence et son rôle dans l'apprentissage

1. Développer la polyvalence : La force proche de chez soi est la capacité de revenir après des difficultés ou des difficultés. Expliquer aux enfants que la déception est un élément d'apprentissage et de développement est fondamental pour créer de la flexibilité.
2. Procédures d'adaptation : fournir aux jeunes des systèmes pour s'adapter à l'insatisfaction, à la déception et à la déception. L'examen des rencontres antérieures et la conceptualisation des arrangements peuvent aider les jeunes à comprendre comment explorer davantage les difficultés futures avec succès.
3. Mentalité positive : Donner une perspective et une appréciation inspirantes peut aider les jeunes à maintenir un équilibre et une polyvalence profonds. Des pratiques telles que les journaux d'appréciation ou le partage de rencontres positives peuvent soutenir la bonne foi et la constance.

La capacité de comprendre quelqu'un en profondeur est essentielle au progrès des jeunes à l'école et dans la vie. En comprenant et en gérant leurs sentiments, en créant de la compassion et en trouvant comment aider les autres, les jeunes peuvent explorer les subtilités des associations sociales et des difficultés avec certitude. En outre, en développant une profonde polyvalence, les jeunes sont plus prêts à affronter les malheurs et à continuer à apprendre dans une perspective positive et orientée vers le développement. En cultivant la capacité de comprendre les gens à un niveau profond, nous fournissons aux jeunes des capacités académiques ainsi que les appareils à proximité de la maison essentiels à un mode de vie satisfaisant et sain.

| 10 |

Chapitre 10 : Impliquer les parents et les tuteurs

Engager les principaux instructeurs

Les tuteurs et les figures parentales jouent un rôle essentiel dans la scolarité d'un enfant. Leur contribution peut essentiellement améliorer les opportunités de croissance, en fournissant une base solide à la réussite scientifique et à l'auto-amélioration. Cette partie plonge dans le travail essentiel que jouent les adultes pour soutenir l'apprentissage des jeunes, présente des idées pragmatiques pour des exercices instructifs à la maison et examine les moyens de construire un espace d'apprentissage dynamique qui s'étend au-delà de la salle d'étude.

Le travail des adultes pour soutenir l'apprentissage des jeunes

1. Créer un climat fort : Un climat familial qui favorise et favorise l'apprentissage est essentiel. Cela implique d'avoir des livres et du matériel pédagogique rapidement accessibles, de conserver un espace tranquille et agréable pour étudier et d'établir des horaires axés sur les exercices d'apprentissage.

2. Engagement actif : les tuteurs et les figures parentales doivent participer efficacement à la scolarité de leur enfant en restant informés de ses progrès, en assistant aux réunions de classe et en

discutant régulièrement avec les éducateurs. Montrer de l'intérêt pour leur processus d'apprentissage en traduit l'importance et la valeur.

3. Encouragement et soutien : Il est essentiel de donner de la consolation et du soutien, en particulier lorsque les enfants sont confrontés à des difficultés scolaires. Louer les efforts et les progrès, par opposition aux simples réalisations, cultive une perspective de développement et de polyvalence.

Réflexions pour des exercices instructifs à la maison

Participer à des exercices instructifs à la maison peut soutenir l'apprentissage scolaire et susciter l'intérêt. Voici quelques réflexions :

1. Lire ensemble : Lire des livres ensemble développe davantage les capacités de compétence et améliore la compréhension profonde. L'examen des récits et des personnages peut en outre favoriser l'appréciation et les capacités de raisonnement décisif.

2. Exercices numériques pratiques : intégrez les mathématiques dans des exercices réguliers, comme cuisiner (estimer les ingrédients), faire les courses (calculer les dépenses) ou jouer à des jeux de table qui incluent le comptage et le système.

3. Tests scientifiques : des enquêtes simples utilisant des éléments familiaux peuvent démystifier les idées scientifiques et permettre un apprentissage basé sur les demandes . Par exemple, étudier les propriétés de l'eau, développer des plantes ou se concentrer sur les périodes de la lune.

4. Art et imagination : favorisez l'articulation inventive à travers le dessin, la peinture, la musique et les œuvres d'art. Ces exercices cultivent l'esprit créatif, des capacités de coordination fine et une articulation profonde.

5. Explorer la nature : Les voyages standards dans les parcs, les réserves naturelles ou la pelouse peuvent susciter un intérêt pour la science, la biologie et la gestion écologique.

Construire un groupe de personnes apprenantes

La création d'une organisation solide composée de tuteurs, de figures parentales, d'éducateurs et d'individus de la région peut intensifier les avantages de l'apprentissage localisé au niveau local :

1. Rassemblements de parents : Rejoindre ou encadrer des rassemblements de parents peut donner lieu au partage de ressources, de rencontres et d'exhortations. Ces rassemblements peuvent organiser des studios, des conférences ou des exercices de rassemblement qui profitent aux enfants et à la région.

2. Atouts communautaires : les bibliothèques, les salles d'exposition, les lieux publics et les associations à proximité proposent fréquemment des projets instructifs, des clubs et des occasions qui peuvent améliorer les opportunités de croissance d'un jeune.

3. Collaboration avec les écoles : la création de points forts pour une collaboration avec les écoles permet aux tuteurs et aux figures parentales d'ajuster les exercices d'apprentissage à domicile au plan éducatif et aux objectifs de l'école. La participation à des événements scolaires et des portes ouvertes bénévoles renforce encore cette association.

L'inclusion de tuteurs et de figures parentales dans l'excursion instructive est essentielle pour la tournure des événements et la réussite des jeunes. En établissant un climat d'apprentissage stable à la maison, en participant à l'amélioration des exercices pédagogiques et en encourageant un apprentissage coopératif au niveau local, les adultes peuvent essentiellement influencer l'adoration de leurs enfants pour l'apprentissage, les réalisations académiques et, dans l'ensemble, la prospérité. Ensemble, les tuteurs, les figures parentales et les instructeurs peuvent développer un système biologique qui soutient les étudiants curieux, certains et profondément enracinés .

| 11 |

Chapitre 11 : Surmonter les obstacles à l'apprentissage

Tracer le chemin à travers les difficultés

Le processus d'apprentissage de chaque enfant intègre sa part d'obstacles. Ces difficultés peuvent aller de la difficulté à comprendre des idées spécifiques à des éléments physiques, profonds ou écologiques qui affectent l'apprentissage. Distinguer et remédier à ces obstacles est essentiel pour garantir que tous les enfants ont la chance de réussir et de s'épanouir scolairement. Cette partie étudie les techniques permettant de surmonter les obstacles à la prise en main, de soutenir les enfants ayant des besoins de développement différents et l'importance d'encourager la constance et la polyvalence.

Reconnaître et remédier aux obstacles à l'apprentissage

1. Identification précoce : percevoir presque immédiatement les signes de difficultés d'apprentissage est fondamental. Cela peut se rappeler d'avoir remarqué des changements de comportement, une déception face à des courses explicites ou une baisse inattendue de l'exécution scolaire.

2. Recherchez les conseils d'un expert : en supposant que les obstacles à l'apprentissage soient pris en compte, la recherche

d'évaluations auprès de cliniciens ou d'experts instructifs peut apporter clarté et pertinence. Ces experts peuvent reconnaître des problèmes d'apprentissage explicites, des difficultés mentales ou des sujets intenses qui influencent l'apprentissage.

3. Méthodologies sur mesure : Lorsque les obstacles à l'apprentissage sont reconnus, la création de plans d'apprentissage personnalisés qui prennent en compte les besoins particuliers de l'enfant peut avoir un effet considérable. Cela pourrait inclure des stratégies de présentation facultatives, un mentorat individuel ou l'utilisation d'innovations d'assistance.

Soutenir les enfants ayant diverses nécessités avancées

1. Enseignement inclusif : les écoles et les salles de classe devraient s'efforcer d'être inclusifs, où les enfants de toutes capacités et de tous styles d'apprentissage sont invités, estimés et soutenus. Cela intègre du matériel ouvert, des transformations de programmes éducatifs et un climat de classe stable.

2. Contribution des parents et des tuteurs : les tuteurs et les figures parentales jouent un rôle crucial dans le soutien au progrès de leurs enfants à la maison. Cela peut inclure de travailler en étroite collaboration avec les instructeurs, de terminer les exercices ou les traitements suggérés et de donner une consolation et une compréhension fiables.

3. S'appuyer sur les qualités : Chaque enfant a des qualités et des in-térêts nouveaux. Se concentrer sur ces domaines peut soutenir la certitude et l'engagement, en faisant office d'établissement pour traiter des sujets ou des capacités difficiles supplémentaires.

Le travail de constance et de flexibilité

1. Cultiver une mentalité de développement : inciter les jeunes à considérer les difficultés comme de précieuses portes ou-vertes pour le développement. Expliquez-leur que le travail et

l'infatigable peuvent conduire à l'amélioration et à la réussite, même en dépit des défis.

2. Adaptabilité : Aider les enfants à être polyvalents même en cas de difficultés est tout aussi important. Cela implique de les aider à comprendre comment modifier leurs procédures, à rechercher de l'aide en cas de besoin et à rester ouvert à l'essai de nouvelles méthodologies.

3. Célébrer l'effort et la flexibilité : percevez et célébrez les réalisations ainsi que le travail, les progrès et la force dont font preuve les enfants pour surmonter les obstacles. Cela renforce la valeur de l'infatigable et la foi en leur capacité à vaincre les difficultés.

Vaincre les obstacles à l'apprentissage est une excursion qui nécessite de la persévérance, de la compréhension et une aide sur mesure. En reconnaissant tôt les obstacles à l'apprentissage, en offrant une aide ciblée et en cultivant une culture de constance et de polyvalence, nous pouvons permettre à tous les jeunes d'explorer efficacement les difficultés. Cela soutient leurs réalisations académiques et développe des capacités fondamentales qui leur seront utiles au-delà de la salle d'étude. Ce faisant , nous confirmons la conviction que chaque jeune peut éventuellement apprendre et se développer, quels que soient les obstacles auxquels il peut être confronté.

| 12 |

Chapitre 12 : Exemples inspirants et études de cas

Observer les victoires à l'entraînement

Partout dans le monde, d'innombrables étudiants, instructeurs et réseaux sortent des sentiers battus, surmontent les difficultés et sont le fer de lance de façons imaginatives d'aborder la formation. Leurs récits agissent comme des signaux de motivation, décrivant la force révolutionnaire de l'enthousiasme, de l'imagination et de la polyvalence dans l'entreprise d'apprentissage. Cette section présente des modèles passionnants et des enquêtes contextuelles qui présentent des conditions d'apprentissage essentielles, de nouvelles méthodologies pédagogiques et les réalisations inimaginables de personnes axées sur l'école.

Récits d'étudiants et d'enseignants enthousiastes

1. La bataille pour la formation de Malala Yousafzai : Le courageux soutien de Malala à la scolarisation des jeunes filles, même avec des difficultés scandaleuses, a propulsé des millions de personnes à travers le monde. Son histoire met en évidence la force de l'instruction pour changer de vie et l'importance d'attendre l'option d'apprendre.

2. L'enseignant créatif finlandais : Pasi Sahlberg, instructeur et chercheur finlandais, a joué un rôle déterminant dans l'élaboration de l'éminent système scolaire finlandais, qui met l'accent sur la valeur et la prospérité, et l'atténuer serait une méthodologie idéale. Son travail présente l'effet d'un changement fondamental dans la formation.

3. Le bouleversement mathématique de Jaime Escalante : L'histoire capitale de Jaime Escalante, un enseignant bolivien qui a changé une école secondaire du ghetto en difficulté à l'est de Los Angeles en incitant ses élèves à faire des progrès phénoménaux en matière d'analyse, montre l'impact significatif des normes exclusives et d'une foi inébranlable dans véritable capacité des étudiants.

Conditions et approches d'apprentissage inventives

1. Écoles Montessori : La technique Montessori, créée par le Dr Maria Montessori, met l'accent sur le mouvement indépendant, l'apprentissage impliqué et le jeu coopératif. Les écoles Montessori du monde entier continuent de se mobiliser par leur obligation de soutenir gratuitement certains élèves.

2. Écoles de plein air en Scandinavie : Dans des pays comme le Danemark et la Suède, les écoles en forêt et l'apprentissage en plein air sont essentiels à la formation des jeunes. Ces écoles présentent les avantages d'un enseignement basé sur la nature, encourageant le bien-être réel, l'inventivité et la gestion écologique.

3. Méthodologies STEAM en Corée du Sud : la combinaison sud-coréenne de science, d'innovation, de conception, d'expression artistique et d'arithmétique (STEAM) dans l'enseignement met en évidence l'importance de l'apprentissage interdisciplinaire et de l'imagination pour préparer les étudiants aux subtilités du monde de pointe .

Illustrations du monde entier

1. L'attention de Singapour sur le raisonnement décisif : Le système scolaire de Singapour est célèbre pour l'accent mis sur le raisonnement décisif et les capacités de pensée critique. En incorporant de véritables applications dans le programme éducatif, Singapour montre comment l'enseignement peut être à la fois approfondi et significatif.

2. La fusion des points de vue autochtones en Nouvelle-Zélande : le système scolaire néo-zélandais a progressé dans l'intégration de la culture et des points de vue maoris dans le plan éducatif, offrant des exemples sur la valeur de la diversité sociale et de la considération dans la formation.

3. L'accent mis sur la satisfaction au Bhoutan : L'accent intéressant mis par le Bhoutan sur la joie publique brute par rapport au PIB s'étend à son système scolaire, qui se concentre sur la prospérité et la joie des étudiants. Cette approche apporte des éléments de connaissances importants au travail d'apprentissage profond et social en formation.

Les modèles passionnants et les analyses contextuelles présentés dans cette partie reflètent les différentes manières par lesquelles la formation peut être rapprochée et l'effet significatif qu'elle peut avoir sur les personnes et les ordres sociaux. Ces récits célèbrent les réalisations et constituent des témoignages forts des attentes qui existent chez chaque élève et enseignant. En tirant des illustrations des pratiques créatives et du courage mental des personnes qui ont modifié leur formation dans leurs circonstances spécifiques, nous pouvons continuer à repousser les limites de ce qui est concevable dans la réalité des conditions dans le monde.

| 13 |

Chapitre 13 : Ressources et lectures complémentaires

Engager un développement cohérent

Le voyage de la prise de conscience, qu'il s'agisse de maintenir l'intérêt pour les enfants, d'adopter des techniques de démonstration imaginatives ou de cultiver une adoration pour l'éducation, progresse. Cette section comprend une liste organisée d'actifs, y compris des livres, des sites et des associations d'experts, axés sur les instructeurs, les tuteurs et toute personne impliquée dans l'excursion instructive. En outre, il propose des réseaux en ligne qui connectent des personnes similaires pour partager des connaissances, des difficultés et des victoires. Ces atouts sont des pierres d'aventure pour les personnes qui souhaitent approfondir leurs connaissances dans les domaines de l'éducation, du développement des jeunes et de l'apprentissage en profondeur .

Livres, sites et différents actifs suggérés

1. Livres :

   o "Mindset: The New Brain Research of Accomplishment" via Tune S. Dweck étudie l'idée de la mentalité de développement et ses effets sur différentes parties de la vie, y compris l'enseignement.

o "Comment les jeunes apprennent" de John Holt donne des informations sur les expériences éducatives régulières des enfants et étudie les techniques de tutorat conventionnelles.

o "Le cerveau spongieux" de Maria Montessori propose un aperçu approfondi de la technique Montessori et de ses fondements philosophiques sur le développement et l'enseignement des enfants.

2. Sites Web :

o Edutopia (edutopia.org) : offre une abondance d'actifs sur des travaux scolaires inventifs, notamment des articles, des enregistrements et des techniques destinés aux instructeurs de la maternelle à la 12e année.

o Khan Institute (khanacademy.org) : propose des séminaires gratuits sur Internet sur un grand nombre de sujets pour les étudiants, toutes choses étant égales par ailleurs, en prenant en charge des méthodes d'enseignement personnalisées.

o TED-Ed (ed.ted.com) : éléments d'enregistrement instructifs sur différents points qui suscitent l'intérêt et avancent au-delà de la salle d'étude.

3. Autres actifs :

o National Geographic Children et BBC Bitesize proposent des contenus et des exercices de connexion destinés à rendre l'apprentissage amusant et ouvert aux jeunes.

o Duolingo, une application d'apprentissage des langues, gamifie la méthode d'apprentissage de nouveaux dialectes, la rendant agréable pour les étudiants, toutes choses étant égales par ailleurs.

Groupe Associations compétentes et personnes en ligne

1. Associations professionnelles :

o La Public Instruction Affiliation (NEA) et la Global Proficiency Affiliation (ILA) offrent des ressources et un soutien aux instructeurs, y compris une tournure des événements compétente et un soutien stratégique.

o La relation pour l'amélioration du plan de gestion et d'éducation (ASCD) offre des ressources d'autorité instructives, notamment des livres, des réunions et des cours en ligne.

 2. Groupe de personnes en ligne :

o Reddit Instruction (r/training) et Instructor's Corner sont des rassemblements où les enseignants partagent des ressources, des méthodologies de classe et un soutien.

o Les sous-reddits parentaux et instructifs, comme r/Nurturing et r/Self-teach, offrent des espaces permettant aux tuteurs de rechercher des conseils, de partager des rencontres et de retrouver des ressources instructives.

Poursuivre l'excursion d'apprentissage

La quête d'information et la mission de motiver l'apprentissage chez les autres est une excursion de longue durée . En s'appuyant sur les atouts et les réseaux référencés dans cette partie, les enseignants, les tuteurs et les élèves peuvent trouver de l'aide, de la motivation et un sentiment de parenté. Le mode de scolarisation évolue constamment, avec de nouvelles spéculations, systèmes et innovations surgissant continuellement. Rester instruit et associé est essentiel pour explorer ces progressions et continuer à motiver et à être éveillé par le plaisir d'apprendre.

En conclusion de ce livre, rappelons que chaque pas franchi pour enrichir les rencontres instructives des jeunes est une étape vers un monde plus brillant, plus curieux et plus compétent. Permettez à ces atouts de vous aider à mesure que vous progressez avec cette méthode compensatoire.

| 14 |

Chapitre 14 : Conclusion

Une excursion de divulgation et de développement

Alors que nous arrivons à la fin de cette enquête sur « Le plaisir de ramasser : motiver l'intérêt des enfants », nous réfléchissons à l'excursion que nous avons laissée ensemble. De la compréhension des phases de formation des enfants à l'adoption du temps d'apprentissage informatisé, chaque élément s'ajoute à une broderie approfondie montrant comment nous pouvons soutenir et transmettre un amour profond de l'apprentissage chez les jeunes. Cette section finale tente de résumer les sujets essentiels du livre, de répéter l'importance d'encourager l'intérêt et d'exprimer les dernières impressions sur l'effet persévérant de l'école qui s'établit dans l'investigation et l'émerveillement.

Résumer les sujets critiques du livre

Ce livre a abordé un large éventail de points, chacun faisant partie intégrante du cœur de la pensée et de la pratique instructives :

• L'importance fondamentale de comprendre le développement des enfants pour adapter les opportunités de croissance qui répondent aux besoins des jeunes.

• Le rôle essentiel du jeu dans la prise en main, offrant aux enfants une scène dynamique et intuitive pour enquêter, questionner et trouver.

• L'importance de développer une perspective de développement, qui permet aux enfants de voir les difficultés comme des portes ouvertes au développement plutôt que comme des obstacles défavorables.

• La force des investigations pour susciter la demande, la compréhension et une association plus profonde avec notre environnement général.

• La capacité révolutionnaire de l'innovation lorsqu'elle est compensée par les modalités d'apprentissage habituelles, améliorant les rencontres instructives et la disponibilité.

• Le bénéfice persévérant de la narration et de l'esprit créatif en encourageant l'imagination, la sympathie et une compréhension plus profonde des différentes rencontres et sociétés.

• Les avantages de l'apprentissage en plein air et son rôle dans la promotion de l'intendance naturelle, du bien-être réel et du sentiment de miracle.

• L'importance fondamentale de la capacité d'apprécier les gens à un niveau profond à l'école, en dotant les enfants des capacités d'explorer avec succès leurs sentiments et leurs communications sociales.

• L'effet de la contribution des parents et des tuteurs pour soutenir l'apprentissage en dehors de la classe et construire un espace local instructif stable.

• Des techniques pour vaincre les freins à la prise en main, garantissant à chaque enfant une chance de réussir quelles que soient les difficultés rencontrées.

• Des modèles dynamiques et des enquêtes contextuelles qui présentent des manières inventives d'aborder la formation et les réalisations capitales des étudiants et des enseignants de toute la planète.

Donner aux lecteurs les moyens de cultiver une affection pour l'apprentissage

En tant que lecteurs, vous disposez de connaissances, de systèmes et de motivations pour avoir un impact substantiel sur la vie des enfants. Le développement d'une adoration pour l'apprentissage est peut-être le cadeau le plus important que nous puissions offrir aux plus jeunes – un cadeau qui ouvre le potentiel, ouvre la voie à des résultats imaginables sans limites et améliore la vie avec l'information, la compréhension et l'euphorie.

Dernières considérations sur l'effet de l'intérêt changeant chez les enfants

Susciter l'intérêt des jeunes n'est pas seulement un objectif instructif ; c'est un intérêt important à partir de maintenant. Les personnalités curieuses remettent en question, enquêtent, avancent et finalement font avancer l'humanité. En encourageant le goût d'apprendre, nous améliorons non seulement la vie individuelle et scolaire de chaque enfant, mais nous contribuons également au développement de citoyens intelligents, compatissants et instruits à l'égard du monde.

Alors que ce livre se termine, qu'il ne marque pas la fin mais plutôt le début d'une obligation rétablie de maintenir le vaste intérêt de chaque enfant. Ce faisant, nous allumons un flash qui peut éclairer les voies, changer des vies et éclairer l'avenir – chaque psyché curieuse à tour de rôle.